MÉTHODE
DE
LECTURE
FORMANT UN SYLLABAIRE

REPRODUIT EN DOUZE GRANDS TABLEAUX

A L'USAGE

des Écoles primaires.

J. M. J.

Nouvelle édition.

LONS-LE-SAUNIER
Chez Mmes GAUTHIER sœurs et Cie, libraires-éditeurs.

1868

19675

MÉTHODE
DE LECTURE

FORMANT UN SYLLABAIRE.

REPRODUIT EN DOUZE GRANDS TABLEAUX

A L'USAGE
des écoles primaires.

Nouvelle édition.

J. M. J.

LONS-LE-SAUNIER,
Chez Mmes GAUTHIER SOEURS ET Cie,
LIBRAIRES-ÉDITEURS.

1868.

INTRODUCTION.

I. Une *Méthode de lecture* doit présenter les *éléments généraux* de prononciation de la langue, avec des *exercices* et des *applications*. Or, ces éléments comprennent la connaissance des lettres de l'alphabet et celle de la *valeur accidentelle* de ces mêmes lettres.

II. L'enseignement des voyelles (1) est toujours et partout le même. Mais à l'égard des consonnes (2), on procède différemment. La méthode *phonique*, moins connue que l'ancienne (3) et la nouvelle appellation (4), offre cependant des avantages réels pour la syllabation. On ferait donc bien de la suivre. Elle consiste à exécuter, sans accompagnement de la voix, les mouvements des organes de la parole dont la consonne est le signe.

III. Outre la valeur assignée à chaque lettre dans l'alphabet, quelques-unes ont encore une *valeur accidentelle* que l'on trouve ci-après.

1° *A*. Outre sa valeur naturelle, cette lettre forme avec *i* et *u*, les voyelles composées *ai* (è) et *au* (o); — avec *m*, *n*, *im*, *in*, elle forme les voyelles nasales *am, an, aim, ain*

---

(1) Une voyelle est le signe d'un son non articulé.
(2) Une consonne est le signe de l'articulation d'un son.
(3) Suivant l'ancienne appellation, on dit :

b	c	d	f	g	h	j	k	l	m	n	p	q	r	s	t
bé	cé	dé	effe	gé	ache	ji	ka	elle	emme	enne	pé	ku	erre	esse	té

v	x	z
vé	ikse	zède

(4) Suivant la nouvelle, on dit :

b	c	d	f	g	h	j	k	l	m	n	p	p	r	s	t
be	ke	de	fe	gue	ache	je	ke	le	me	ne	pe	ke	re	se	te

v	x	z
ve	kse	ze

(*pampre, bande, faim, bain*). Cependant, *ai* se prononce *é*, dans la terminaison des verbes. Ex. : *je donnai, je donnerai.*

2° *C.* Cette lettre se prononce *k* devant *a, o, u*, et devant toute consonne, moins l'*h*. Elle se prononce *s*, devant *e, i* et *y* (*ceci, cygne*) — *ç* ne se place que devant *a, o, u*, et se prononce *s* (*façade, leçon, reçu*). La lettre *c* forme avec l'*h* la consonne composée *ch*, qu'on prononce ordinairement *che* (*cheval*) devant une voyelle ; mais, devant une consonne, *ch* se prononce toujours *k*. Ex. : *chlore, chrétien*.

3° *E.* Outre sa valeur propre, cette lettre forme avec *i, u* et *au* les voyelles composées *ei, eu, eau* (*neige, feu, chapeau*). — *œ* se prononce comme *eu œuf, œuvre*. — Avec *m, n* et *in*, l'*e* forme les voyelles nasales *em, en, ein* (*membre, tendre, peindre*). L'*e* suivi de toute autre consonne que *m, n* et *s*, se prononce *è* (*bec, bref, espoir*, qu'on prononce comme s'il y avait *bèc, brèf, èspoir*). Cependant *er* et *ez* se prononcent généralement *é* à la fin des mots. Ex. : *poirier, dîner, parlez, nez*. L'*e* suivi d'une double lettre autre que *m, n*, se prononce *è*. Ex: ; *telle, nette,* qu'on prononce *tèle, nète*. L'*e* muet est ordinairement nul après *i é u* Ex.: dévouement, je prierai, pensée, matinée, revue.

4° *G.* Cette lettre se prononce *gue* (*figue*) devant *a, o, u*, et toute consonne, excepté *n*. Ex. : *gâteau, gorge, Gustave, grâce, glace*. Elle se prononce *j* devant *e, i* et *y*. Ex. : *neige, gilet, gymnase* ; -- *gu* se prononce *gue* devant *e, i*. Ex. : *guérir, guide*. -- Le *g* suivi de la lettre *n* forme la consonne composée *gn* (*vigne*).

5° *H.* Cette lettre ne modifie la lettre qui la précéde que quand elle est placée après *c* et *p*.

6° *I.* Cette lettre, placée devant *m*, *n*, *en*, forme les voyelles nasales *im*, *in*, *ien*. Ex.: *imparfait, interne, bien.* Cependant l'*i* conserve quelquefois sa valeur devant *m*, *n*. Ex.: im-mortel, in-actif. — L'*i* forme avec *l* et *ll* la consonne composée et mouillée *il*, *ille*. Ex.: *bail, bataille.* Il est à remarquer encore que l'*i* devant *l*, *ll*, mouille ces lettres en même temps qu'il entre dans la composition de la syllabe précédente. Ex.: *soleil, abeille, famille.*

7° *O.* Cette lettre forme avec l'*i*, la voyelle composée *oi (loi)* ; — avec *m*, *n*, *in*, elle forme les voyelles nasales *om, on, oin, (ombre, onde, loin)* ; avec *u* elle forme la voyelle composée *ou (mou).*

8° *P.* Cette lettre forme avec l'*h*, la consonne double *ph* Ex.: *physique.*

9° *Qu.* Ces deux lettres se prononcent *k*, excepté dans *piqure.*

10° *S.* Cette lettre, entre deux voyelles, se prononce *z*, comme aussi dans la liaison. Ex.: *base, rose, les hommes.*

11° *T.* Cette lettre, placée devant l'*i* suivi d'une voyelle dans le corps d'un mot, se prononce quelquefois *s*. Ex.: *portion, partiel.*

12° *U.* Cette lettre forme avec *m* et *n*, les voyelles nasales *um*, *un*. Ex.: *l'humble, lundi.*

13° *Y.* Cette lettre a la valeur de deux *i* après une voyelle. Ex.: *moyen, pays.*

14° *ï.* Cette lettre se prononce séparément de la voyelle qui précéde. Ex.: *naïf.*

15° Les consonnes doubles *bb cc dd ff* etc., équivalent à une simple, excepté dans quelques cas que fait connaître l'étymologie. Ex.: im-mortifié, il-légal, at-tention.

16° Les lettres *d*, *g*, *p*, *s*, *t*, *x*, *z*, sont généralement nulles à la fin des mots, après toute autre lettre que *e*; il en est de même de *nt*, *ent*, dans les verbes à la troisième personne du pluriel.

IV. Ces principes, avec des exercices et des applications suffisants pour en bien graver la connaissance dans l'esprit des enfants, sont distribués en neuf leçons suivies d'un chapitre de lecture courante.

Manière de faire dire les leçons aux tableaux.

I. Ces tableaux se suspendent de distance en distance aux murs de la classe. Ils servent pour la lecture *aux cercles* ou en *sections*.

II. Chaque section est dirigée par un *moniteur*.

III. Le maître n'est chargé spécialement d'aucune section ; mais, en ayant l'œil sur toutes, il passe de l'une à l'autre tout le temps que dure la leçon (une demi-heure au plus) ; il examine si le moniteur accomplit bien sa tâche, si les enfants sont attentifs, s'il y a quelque contrariété parmi eux ; il fait aux enfants de petites questions sur le sens des mots les plus communs, ou sur l'usage des choses qu'ils désignent ; enfin, il se rend compte de la capacité et du progrès des enfants. On voit que, pour porter tous leurs fruits, ces leçons réclament une activité, une vigilance et une application très-grandes de la part du maître.

IV. Toutes les sections lisent ensemble ; mais, dans chacune, les enfants lisent à tour de rôle.

V. Afin d'éviter un trop grand bruit, le maître a soin que chaque enfant ne prenne que le ton de voix nécessaire pour être entendu de ceux de sa section.

VI. Chaque tableau contient quatre parties distinctes : 1° une répétition des principes des tableaux précédents ; 2° les principes de la leçon nouvelle ; 3° des exercices ayant un rapport direct et presque exclusif avec la leçon nouvelle ; 4° des exercices d'application se rapportant à tous les tableaux déjà étudiés et surtout à celui qui fait actuellement l'objet de la leçon. Chacune de ces parties doit être étudiée séparément et les élèves ne passeront à la partie suivante que lorsqu'ils auront bien appris celle qui précède.

VII. Lorsqu'un élève, ou plusieurs avancent plus vite que le grand nombre de leur section, on les fait passer dans la section immédiatement supérieure dès qu'ils en sont capables.

VIII. Afin de soutenir l'attention ou pour empêcher que les enfants ne lisent par cœur, le moniteur fera dire quelquefois *à reculons*, ou passera sans ordre d'un endroit à un autre.

IX. Lorsque les enfants ont vu tous les tableaux, il est sage de leur faire encore répéter les plus difficiles, avant de leur donner le livre de lecture.

Usage des Syllabaires.

I. Généralement, on ne met des syllabaires entre les mains des enfants que lorsqu'ils connaissent les premiers tableaux.

II. Les leçons qui se disent sur les syllabaires ont pour avantages : 1° de faciliter l'attention des enfants ; car, pour savoir *où l'on en est*, ils sont obligés d'avoir continuellement la main et les yeux sur leur petit livre, et, dès lors, les distractions auxquelles ils sont si sujets, ont moins de prise sur eux ; 2° de les habituer à suivre d'eux-mêmes la lecture courante, comme ils seront obligés de le faire plus tard ; 3° de fournir aux parents les moyens de faire répéter les leçons qui ont été dites en classe.

1ʳᵉ PARTIE.

ÉPELLATION

et

SYLLABATION

PREMIER TABLEAU

Leçon.

a e i y o u

Exercice. I

```
e a i o u y e
i u a e y o i
o e y u a i o
y u o a i e y
```

Exercice. II

```
u y o a i e u
o e i u a y o
a i u e y o a
y a o u i e y
```

Leçon.

b d f l m n

Exercice. I

```
b  m  l  n  f  d  b
d  f  m  l  n  b  d
m  n  d  f  b  l  m
l  b  n  d  m  f  l
n  d  b  f  l  m  d
l  f  m  d  b  f  n
```

Exercice. II.

```
b — ba be bi by bo bu
d — da de di dy do du
f — la le li ly lo lu
l — la le li ly lo lu
m — ma me mi my mo mu
n — na ne ni ny no nu
```

APPLICATION

I

da lo by du ma ne
ly mo fu da be li
du la mi no fa de
fo ma be lu no du
bo du la ny ma bo

II

fa de, li me, mo de,
lu ne, mi na, fi le,
mi ne, de mi, du ne,
a mi, mu ni, fa ne,
bo ni, da me, mi di.

III

fi ne, me nu, la me,
bo bo, fu me, o de,
do do, da da, la dy,
lo be, fu ma, la ma
u ne, mo de, fi ni.

IV

mo bi le,	ba di ne,
o bo le,	ma li ne,
bo li de,	a bo li,
fa mi ne,	ma do ne,
mo du le,	a li bi..

V

do mi ne,	i do le,
ma la de,	do mi no,
no ma de,	ma da me,
do mi na,	fi na le,
ba di na,	a ni me.

VI

la mi ne,	a no de,
ba na le,	mo de la,
a bo li,	ba na ne,
la bi le,	a ni ma,
la bi a le,	fo li o le.

DEUXIÈME TABLEAU.
Répétition.

a e i y o u — b d f l m n

ba, be, bi, by, bo, bu, — ba, da, fa, la, ma, na.

Leçon.

a à â — e é è ê — i î ï y — o ô — u ù û

Exercice.

I

a	i	é	e	o	u	y
u	à	o	è	e	î	û
û	ù	e	â	î	ï	é
u	e	à	ù	y	o	ï

Exercice.

II

é	u	â	o	é	ê	e
a	i	ô	u	y	e	è
î	ô	é	à	u	ï	o
è	e	y	ô	i	u	é

Leçon.

c q k g h j p r s t v x z

Exercice

I

p — pa, pe, pé, pè, pi, po, pu,
c — ca, - - - - co, cu,
g — ga, - - - - go, gu,
j — ja, je, jé, jè, jy, jo, ju,
k — ka, ke, ké, kê, ki, ko, kû,
r — ra, re, ré, rê, ry, ro, ru.

Exercice.

II

h — hâ, he, hé, hè, hi, ho, hu.
s — sa, se, sé, sê, sy, so, su,
t — tâ, te, té, tè, ti, to, tu,
v — va, ve, vé, vê, vy, vo, vu,
x — xa, xe, xé, xè, xi, xo, xu,
z — za, ze, zé, zê, zy, zo, zu.

I

pa ve,   pa vé,   do re,   do ré,
vo le,   vo lé,   fu me,   fu mé,
râ pe,   râ pé,   rê ve,   rê vé,
mê le,   mê lé,   pâ te,   pâ té,
ve lu,   vê tu,   pe lé,   pè re,
me né,   mè ne,   pô le,   mô le.

II

dî ne,   dî né,   sè me,   se mé,
ly re,   di re,   â me,   mè re,
tô le,   ga ze,   ri xe,   dô me,
pâ li,   â me,   zo ne,   hu me,
cu ré,   ki lo,   bo xe,   sa lé,
tê tu,   ma te,   fê té,   fê te.

III

rô ti,   lè ve,   pi le,   pi lé,
é lu,   la ve,   bâ ti,   ga re,
gâ té,   sû re,   rô le,   fè ve,
mê me,   dé jà,   vê le,   é lu,
vê tu,   tê te,   cu be,   le vé,
zè le,   mû re,   cô te,   cô té.

APPLICATION

IV

to lè re,   si mu le,   mâ tu re,
lé gu me, mé di te,   mo ra le,
ma xi me, ma la de,   fu ti le,
ca ba ne, ro tu le,   bé ni te,
to lè re, sa ti na,   vé ri té,
pâ li ra, dé pa vé,   rô de ra.

V

sé vè re, ré pa ré, pa na de,
ma do ne, pâ tu re,   dé fi lé,
fa ta le, vê tu re,   bi tu me,
va li de, mo dè re,   é le va,
é vi ta,   sy no de,   pa va ne,
ca ba le, ra pi ne,   so li ve.

VI

le rê ve, la sè ve, ta mè re,
le ty pe, la cô te, sa fê te,
ta pâ te, la mo de, le rô le,
la râ pe, je sè me, le dî né,
je mê le, du rô ti, le dô me,
du ca fé, le zé ro, je go be.

TROISIÈME TABLEAU.
Répétition.

a e i y o u — b d f l m n, c k q g h j p r s t v x z

ba bâ, be bé bè bê, bi bî by, bo bô, bu bû — ba da fa la ma na, ca ka ga ha ja ra sa, ta va xa za.

ALPHABET.

a b c d e f g h i j k l m n o p q r s t u v x y z

d' j' l' m' n' s' t' — bb, cc, ll, mm, nn, pp, rr, ss.

Exercices sur la forme et le son comparés des lettres et des syllabes.

I

1. a à â — e é è ê c — o ô — u û
f t — m n u — b d — p q — l t
i î ï y — o ô — à â — e é è ê
c k q g — x s z — f v — d t — b p
2. ba pa, be pe, bi pi, bo po, bu pu, da ta, de te, di ti, do to, du tu,

II

sa za, se ze, si zi, so zo, su zu,
fa va, fe ve, fi vi, fo vo, fu vu,
ga co, ke ké, ki ky, so xo, su xu,
3. ba ab, do od, fi if, la al, tu ut,
xi, ix, ri, ir, so os, ga ag, pa ap,
za, az, si ys, lu ul, bo ob, ti it,

III

da te, tâ té, du pé, tu be, po pe,
bo bo, fè te, fè ve, mi di, la dy,
4.—zè le, sè me, zo ne, so nné, to me,
dô me, da lle, é ta lé, dé bi te, dé pi té,
cô té, co de, pi lé, bi le, mi nu te,
bu re, pu re, a ssu ré, a zu re, ca le.

IV

é ga lé, tô pe, do té, gâ te, ca rré,
go mmé, co mme, do nné, to nne,
l'âme m'anime, j'adore, je t'assure,
5.—ab so lu, ac ti ve, ad mi ré, ul ve,
al cô ve, ar bo ré, as pé ri té, ad ju re
ob te nu, ur ba ni té, or do nne, ur ne.

I

le pa pe, la fè ve, une â me, la ly re, il ad mi re, al tè re, ha bi le, le zè le, l'a ga te, la do ru re, ac ti vi té, l'â me s'a ni me, la pa ru re, la ri xe, u ne al cô ve, la zo ne to rri de, la ba rre s'o xy de, la ma xi me, le pi lo te.

II

le lé gu me, u ne é cu me, la po mm e mû re, u ne oc ta ve, la na ppe bo nn e, la pa ro le a mi ca le, la ro be de bu re, la fa ri ne fi ne, l'é tu de u ti le, l'a mi fi dè le, la mi ne ri di cu le, le jo li ca na pé, la co lli ne ra pi de.

III

la mo ra le m'o ccu pe, u ne ma sse mo bi le, l'â me ti mi de, u ne al cô ve hu mi de, la to pa ze du re, la ca ba ne so li de, u ne fi gu re pâ le, la mo ra le sé vè re, la pi lu le a mè re, u ne ca ve vi de, u ne ma xi me pu re.

IV

l'é co le mo dè le, u ne ur ne o va le,
vé nè re ta mè re, la ca po te de ga ze,
la vé ri té sû re, u ne fi dé li té ra re,
le nu mé ro é ga ré, il dî ne ra à mi di,
la pe ti te bê te, ad mi re la na tu re,
il se ra du pe de la co lè re, une ville.

V

le na vi re so li de, ho no re ta mè re,
une pe ti te ca ra bi ne, l'a bî me é vi té,
l'ho mme sé vè re, il a te nu sa pa ro le,
j'é vi te la co lère, ta té mé ri té ri di cu le,
le ti mi de pi lo te, la mo tte du re,
u ne sa lle vi de, je te re ti re de la cave.

VI

la ca le du na vi re, la lu ne s'é lè ve,
la fa mi ne sé vi ra, l'é tu de sera u ti le,
le re mè de du ma la de, il a bu du ca fé,
mé di te la pa ra bo le, il di ra la vé ri té,
la pu re té de l'â me, le jo li do mi no,
il al tè re sa mi ne, la ca va le ga lo pe,

QUATRIÈME TABLEAU.
Répétition.

a b c d e f g h i j k l m n o p q r s t u v x y z, e é è ê

ba ab, do od, li il, co oc, fa af, ru ur, tu ut, ro or, po op, la al.

Leçon.

A B C D E F G H I J K L M N O P Q R S T U V X Y Z

ac or al ir uf il ap as oq ig ar ol ax

l ac, f or, r al, t ir, s uf, f il, n ap, l as, c oq, z ig, t ar, v ol, d ax.

Exercices.
I

b ac,	t ac,	f ac,	s ac,	l ac,	n ac,
l or,	d or,	s or,	f or,	c or,	p or,
d ul,	s ul,	f ul,	n ul,	p ul	m ul,
n al,	f or,	g ar,	g ur,	b ar,	n ir,
b or,	c al,	s ur	m ys,	c os,	l if,
r ic,	t oz,	j ol,	t ar,	v al,	l ix,

II

mir,	sol,	tur,	par,	xor,	lar,
sur,	par,	rac,	fur,	col,	sys,
tor,	vil,	nif,	tal,	sil,	toc,
lax,	tyr,	por,	zac,	las,	suf,
nor,	mur,	tuf,	vif,	laz,	bac,
bor,	bil,	jor,	lir,	nic,	gal.

Exercices.
III

Al bé ric,	A ris te,	Bâ le,
Ba by las,	Col mar,	Ca lix te,
Da ris te,	Di dy me,	É ras me,
É mi le,	Fi dè le,	Ful rad,
Gus ta ve,	Ga ro nne,	Ho no ré,
Hé lè ne,	I rè ne,	Isra é li te.

IV

Ja cob,	Jo nas,	Ka ri kal,
Ka by le,	La za re,	Ma xi me,
Na bot,	O ri val,	Pal my re,
Ro ma ric,	Sa bi ne,	Ti bè re,
Ur su le,	Va lè re,	Vic tor,
Xé rès,	Zo zi me,	Zé no be.

I

La ré col te du col za. L'ac ti vi té de l'é bé nis te. Une bas cu le porta ti ve. Le lo cal de l'é co le. Le cal me du jus te Job. Mé di te le mys tè re. Jé rô me do re sur le mastic. Fé lix ira mardi à E pi nal.

II

Da ris te gar de la por te. Po lycar pe a é té mor du par l'as pic. Le gaz vi tal se ra ab sor bé. Calix te pa ti na sur le ca nal de la Mar ne. La cap tu re du cas tor se ra sû re. Mé dor dor mi ra à la por te.

III

L'é tu de du cal cul te se ra u ti le. Vic tor li ra sur la car te mu ra le. Luc par ti ra mar di par la poste. Ul ric ira de Bar-le-Duc à Bâ le. La mor su re de la lé zar de a é té for te. Le tu mul te a lar me le ma la de.

IV

La difficulté a rebuté Érasme. Ursule assistera à la fête. Le local de l'école sera vaste. Arsène porte l'uniforme de la garde. La lyre de David a été sonore. Colmar a été une ville forte. La lecture.

V

L'activité mène à la fortune. Évite le parjure, car il révolte. Romaric a mal à la tête. Le caporal a été admiré. Le fabuliste a été vu par Gustave. La forme de l'urne sera ovale.

VI

Oscar cultivera la tulipe. La récolte n'a pu mûrir. Le bocal a une forme énorme. Valère calculera mardi. Le sol sera cultivé. La garniture de la robe se gâtera. L'élève rétif a été puni.

CINQUIÈME TABLEAU.
Répétition.

a b c d e f g h i j k l m n o p q r s t u v x y z, e é è ê
A B C D E F G H I J K L M N O P Q R S T U V X Y Z
ba, ab, bo, ob, bu, ub, ri, ir, sa, as, go, og, — bac, dac, fac, soc,
nul, mir, sir, par, lor, gal, cor, dog,

Leçon et Exercices.

lentement bl, pl, gl, cl, fl, br, tr, cr, r, dr, fr, - pr, vr, sc, st, sp, ps, bs,
vite bl, pl, gl, cl, fl, br, tr, cr, r, dr, fr, - pr, vr, sc, st, sp, ps, bs,

I
bl a, bl e, bl é, bl i, bl o, bl u,
pl a, pl e, pl è, pl y, pl o, pl u,
gl a, gl e, gl é, cl i, cl o, cl u,
fl a, fl e, fl ê, fl y, fl o, fl u,
br a, br e, br é, pr i, pr o, pr u,
tr a, tr e, tr è, dr y, dr o, dr u,

II
cr a, cr e, cr é, gr i, gr o, gr u,
fr a, fr e, fr è, fr y, fr o, fr u,
vr a, vr e, vr é, vr i, vr o, vr u,
sc a, — — — sc o, sc u,
st a, st e, st è, st y, st o, st u,
sp a, sp e, ps é, ps i, bs o, bs u.

III
blâ me, blê me, blo cus, le blé
plu me, pla ti ne, pli ssu re, fla tte
glo bu le, gla nu re, ré glu re, cla sse
clô ture, flam me, bro de rie, [1] tra me
trô ne, cri me, é crè me, la grê le
le prô ne, la fri tu re, pré pa re ra

IV
de vra, vi vre, li vre ra, li è vre
sca lè ne, sco la ri té, sco rie, stè re
sta bi li té, stu pi de, sti mu le ra
sté ri le, spé cu le, spo li a, obs tru é
psal mis te, abs te nu, obs cu re
obs ta cle, sty le, stu pi di té, sti pu lé

(1) Les lettres en caractère italique ne se prononcent pas.

I

Mé di te l'or dre ad mi ra ble de la na tu re. Sa bra va de mé ri te le blâ me. Ta pro bi té se ra re co nnue. A na to le do re ra le ca dre de la gra vu re. Le li è vre gra vi ra la co lli ne. Sa pro pre té se ra a gré a ble.

II

I rè ne ré pè te sa pri è re. No tr pré a é té plâ tré. Vo tre frè re préfè re l'u ti le à l'a gré a ble. É mi l a ob te nu u ne pro me na de a gréa ble. Le stè re é ga le le mè tre cu be. Ca mi lle é vi te le scru pu le.

III

Vo tre pè re blâ me vo tre mal propre té. Cul ti ve la pro bi té. J dé plo re la bru ta li té d'Hip po ly te. Gus ta ve me prê te ra u n bo nne plu me. La fri tu re m' pa ru dé li ca te. Ré vè le l'or dre.

IV

Re lè ve le sto re de la fe nê tre.
Fré dé ric li ra la Bi ble d'Ar sè ne.
Bru no se li vre à l'é tu de de l'as-
tro no mie. Fé lix dé cri ra u ne
spi ra le sur la ta ble. Le blé
mû ri ra à no tre gré. Je dé plo re.

V

Le mi ra cle a été pro cla mé. Dé-
bi te la fa ble du li è vre. La na-
tu re a pa ré le zè bre d'u ne jo lie
ro be. Ju les por te u ne cra va te
bru ne. L'or fè vre spé cu le sur
l'ar ti cle. Ma mè re fri ra u ne car pe.

VI

Sa bi ne dé chi re la fre lu che.
Le co de pé nal a pré vu le cri me.
Prê te - moi ta plu me. É mi le
va é cri re à sa mè re. Le pu blic
se ra pré ve nu. L'ê tre stu pi de ré-
cla me. Je cri ble du blé. L'é pî tre.

SIXIÈME TABLEAU.
Répétition.

A B C D E F G H I J K L M N O P Q R S T U V X Y Z

bac, dac, fac, duc, suc, vir, dif, cor, nul, sol, mir, par, bro, dro, gra, cri, flo, gla, tré, pré, bla, spé, sto, sco.

Leçon et Exercices.

er, ex, el, es, ec, ef, — ge, gi, gea, geo, che, — ç, ce, ci, sce, sci,

Dites : èr, èx, èl, ès, èc, èf, — comme je, ji, ja, jo, che val - s, se, si, se, si,

I
er se, er ré, er mi te, mer le, ter re, ex clu, ex ac te, ex pi re, pré tex te, el le, tel le, re bel lé, rap pel, es ti me, es pè re, res te, pes te, les te, le bec, lec tu re, le bref, la nef, re li ef, ga ge, ju ge, ma ge, na gé, gê ne.

II
gi ra fe, gi ber ne, pa gi na, ré gi me, ju gea, lo gea, na gea, dé ga gea, geô le, geô la ge, ché, ché, chè, cha, cho, chu, chê ne, me na ça, dé çu, ce la, fa ce, per ce, cè ne, ra ce, ce ci, scè ne, sci u ré, scé ni te.

a b c d e f g h i j k l m

III
La terre, la ferme, le ter me, le fer, j'ex pi re, le ver be, le pré tex te, l'é chec fu nes te, le bec du mer le, le bref u ti le, le fi ef no ble, le mal ex trê me, le sel a mer, fer mé, le gé né ral ha bi le, le gé o mè tre,

IV
il lo gea, il dé lo gea, le ra va ge, la bel le pa ge, du ci ra ge, il i ma gi na, le jar di na ge, le gi rofle des sé ché, le ri che cha ri ta ble, il me na ça, il ef fa ça, il lo ge, le sci a ge, la fa sci ne, la ci ca tri ce.

n o p q r s t u v x y z.

I

Le chef de la geôle. Cécile régla une page. Une figure originale. Émile partagea ma charge. L'adjectif déterminatif. Le vice dégra de l'homme. La façade de l'école sera belle. L'échec du général.

II

Ce vénérable prêtre exhorte a la charité fraternelle. L'artiste façonne la pierre. Zozime observe la civilité. Le péché originel a été notre héritage funeste. L'herbe sèche.

III

Boniface traça une petite figure. La berge de la rivière est (è) large. L'élève sage mérite l'éloge. Zozime assista à une scène ridicule. Lazare, respecte le texte sacré de la Bible. La gravité du péché.

APPLICATION

IV

Pierre protége Cécile. Mortel respecte l'Éternel. Charles, évite la malice de Diogène. Le cèdre a été déraciné par la rafale. Le merle niche sur le hêtre. Calixte récite la fable de la cigale.

V

Jules s'exerça à une lecture facile. Hippolyte cherche du cirage. Félix évite la duplicité. Jérôme a récité le futur du verbe perdre. La dextérité de Daniel m'étonne. Observe ce précepte formel. L'herbe sèche.

VI

Le naturel du reptile féroce. L'escalade de la place a été donnée. Le givre a gâté notre arbuste. L'escorte du général a été modeste. Le jardinage du marché sera cher. Il a reçu ce fief par héritage. Procède.

SEPTIÈM TABLEAU.

Répétition.

bac, dac, lac, suc, vir, car, for ir, mar, sor, char, — bro, dro, gra, cri, gle, bla, sto, spé, sca sco-(e=è): er, ex, el, es, ec, ef, — c, ç, ce, ci, ca, ça, co, ço, çu, sce, sci je, ge, ji, gi, ja, gea, jo, geo, che, cho.

Leçon d'Exercices.

gn, qu - q, gue-g - (er, ez = és=z, ti=si--mes, tes, ses, les, des, ces,
comme : vi gne, que fi gue — pri er, te nez ro-se, partiel,- mè, tè sè, lè, dè, cè,
ph = f, th = t, rh = r.

I
di gne, li gne, rè gne, ro gnu re,
i gno re, ci go gne, di gni té, si gne,
que rel le, pra ti que, quel que,
bri que, to ni que, di gue, va gue,
dro gue, fi gue, pri er, par ler, ni er,
pa pier, berger, prenez, portez, tenez.

II
ca-se, va-se, mi-se, a mu-se, do-se,
mu-se, ru-se, ra-se, ac cu-se, o-se,
martial, partiel, national, ra tio nel,
mes, ses, tes, les, des, ces li vres,
les fe nê tres, ces pla ces, tes rè gles,
pha re, pho la de, thè me, rhu me,

III
Les di gni tés, ces di gnes prê tres,
la ma li gni té, la di gue lar ge,
la dro gue fa de, il se ré-si gne,
l'u ni que cho-se, la fi gue sè che,
le mal gué ri, le cy gne na ge,
le dra pi er, le co cher, le ber ger.

IV
Par lez, pri ez, po-sez, ré ci tez,
l'a-si le, l'ex cu-se, il se re fu-se,
l'i ni ti a ti ve, la par ti a li té,
les cho-ses, des ro-ses, ces ca-ses,
tes ca hi ers, des é co li ers sages,
la métho de, la rhéto ri que, la pha-se.

I

Chaque âge a sa charge. Le portique de notre cathédrale est (è) magnifique. Une figure rectiligne a été tracée. La pratique de la vertu te sera utile. Ignace a été docile et (é) appliqué à l'école.

II

Ce clocher domine l'église. Émile traça une ligne oblique. La rosée est (è) favorable à la vigne. Joseph brigue la première place à l'école. Adolphe a le désir de l'étude. Le critique a réfuté chaque page.

III

Mes amis, chérissez votre patrie. Rechercher chez la société des personnes sages. Berthe, évite la morsure du péché. Ce navire est (è) revenu de l'Amérique du nord. Charles porte l'uniforme de la garde nationale.

IV

Vic tor ré pè te sa fa ble à sa ti é té. C'est (è) à Pâ ques que Jé-sus est res sus ci té des mor*ts*. La dé di ca ce de l'é gli-se se ra cé lé br*ée* au vi lla ge. Les cy gnes na ge*nt* et les ci go gnes vole*nt*. Jac ques igno re sa ma li gni té.

V

Ti mo th*ée*, ho no rez les ri ches cha-ri ta ble*s*. L'a ni mal gro gne à la v*ue* de la di gue. Char le*s* se ra i ni tié à l'a rith mé ti que. Pro por ti o nne ta fa ti gue à ta for ce. Le pi lo te si-gna le le ré cif fu nes te. Pri ez!

VI

Le na vi re se bri-sa sur la cô te. A che tez des ce ri-ses du mar ché. L'a mi ma gna ni me te pro té ge. Le fer mi er in di gne de sa char ge. A llez a pprê ter le re pas. Ve nez a ssez tôt à l'é co le. Tu as re co nnu.

HUITIÈM ABLEAU
Rép tition.

bro, dro, gra, cri, clo, gle lé, sto, spé, sca, sco,
(e=è): er, ex, el, es, ec, ef — c, ç ce, ci, ca, ça, co, ço, çu, sce, sci —
je, ge, ji, gi, ja, gea, jo, geo, che cho, gn, qu, gue, — (er, ez = é :
pri er, te nez) — (s=z: ro-se, ru-se (ti=si : par ti al, na ti o nal.)

Leçon e Exercices.

ai, ei, et, est, es, — au, eau eu, œu, — ou, oi, y-ii, ï,
comme è, è, è, è, è, — ô, ô feu, eu — mou, moi, fo y er, na ïf,

I

ai me, ai de, ai le, lai ne, hai ne,
rei ne, pei ne, nei ge, sei ne,
lai e, rai e, mais, sais, tu es,
il est, net, re flet, fi let, gi let,
tu es jus te, il est mo des te,
les bo nnets, les plai nes sai nes.

II

beau, l'eau, flé au, cha peau, sceau,
feu, peu, peur, fleur, œuf, bœuf,
vœu, cou, mou, fou, trou, sou,
foi, roi, loi, moi, toi, ef froi,
payer (pai ier) soyez (soi iez) loyer,
ployer (ploi ier) na ïf (na ïf) ha ïr.

III

Je dî nais, tu di sais, il sa vait,
ils ve nai ent, ils blâ mai ent,
le du vet, il est po li et sa ge,
la vei ne, la rei ne, la ba lei ne,
le plu met, le beau meu ble, l'œuf,
le ba lai neuf, l'œuf fráis, le nœud.

IV

L'œu vre mé ri toi re, le pa y eur,
les mou lu res, la foi re, la fou le,
u ne rou te lar ge, je boi rai du lait,
le no y au de la ce ri-se, le tu y au,
la na ï ve té, le stoï cis me ha ï ssable.
Sa sœur a peur, le jeu ne veuf.

I

Hi lai re fait paî tre les a gn eaux. Di eu ai me les pau vres. Le cours du rui sseau est ra pi de. A dol phe a do re le Cré a teur. Gus ta ve, ou vre le li vre neuf. La soi rée du jeu di est aimée des é co li ers. L'eau chau de.

II

La de meu re de no tre voi si ne est sai ne. L'eau de no tre ri vi è re est fraî che. Par ler, por ter, mar cher, na ger, voi là qua tre ver bes. Mes sœurs étu di ai ent des his toi res nou vel les. Le pi lo te s'est no y é.

III

La Vi er ge Ma rie est la mè re de Di eu. Cet te fou le court à u ne per te cer tai ne. La Sei ne tra ver se la ca pi ta le. Que le fort ai de le fai ble. A lex is, n'o ppri me ja mais les mal heu reux.

IV

Ob ser ve tou jours la loi du Seigneur. L'é go ïs me des sè che le cœur: Pra ti que la ver tu, el le ra yo nne ra sur ta fi gu re. Le Préfet vi si te ra un jour no tre é co le. Le jeu du cer ceau est a gré a ble.

V

Les ba lei nes na ge*nt* et les ai gles vo le*nt*. La bel le ri vi è re de l'Oi-se pa sse près de Beau vais. Une boî te d'i voi re a été vo lé*e* à la foi re du vi lla ge. Je re gret te no tre pai si ble re trai te. Tu fais, il fai*t*.

VI

Le mai re de la vi lle de Ca lais. Le Sei gn eur do nne la paix à ses ser vi teurs. J'ai vu des ho mmes qui se pro me nai *ent*. Le jeu de la bou le m'amu-se beau cou*p*. La fa ble de la mou che et du co che.

NEUVIÈME TABLEAU.

Répétition.

(c=è): er, ex, el, es, ec, ef, — c, ç, ce, ci, ca, ça, co, ço, çu, sci, sco, — je, ge, ji, gi, ja, gea, jo, geo, chu, — gn, qu, gue, — (ez, er=é: pa pi er, pri ez) — (s=z : ro se, mu sc) — (ti=si: par ti el, i ni ti al) — ai, ei, et, est, es, au, eau, eu, œu, — ou, oi, y=i i: foy er (foi ier)

Leçon et Exercices.

an, am, en, em, -in, im, ain, aim, ein-ien, oin, on, om, un, um, comme l'an, an, an, an, -vin, in, in, in, in-bien, loin, bon, nom, l'un, par fum,

I

an ge, an se, lan ce, ban da ge, am bre, am bi gu, cam pe, lam pe, en cre, en tê té, en fi lé, en ga gé, em pire, em pê ché, em ba rra ssé, ser ment, sou vent, fro ment, in ti me, in fi ni, en fin, vin, di vin.

II

im bu, im po sé, lim pi de, im pôt, ain si, train, hau tain, le pain, la faim, l'es saim, le dai m, s ein, plein, frein, le mien, le sien, rien, lo in, poin dre, on du lé, bon té, om bra ge, tom be, le lun di, par fum.

III

l'an ta go nis te pré ten ti eux, le tem ple fré quen té, le tam bour du ré gi ment, le sang du jus te, la vi an de cui te, il va len te ment, le fro ment tom be, du vin nou veau, le des sin bien fait de l'é lè ve.

IV

le fr ein de l'a ni mal, le plein, le li ber tin, il est cer tain, le daim a ffa mé, la lim pi di té, du vin, vin fin, le re frain, ce li vre est le m ien, ce lui-là est le sien, l'om bre de la nuit.

APPLICATION

I

Sa lo mon é tait un roi ri che et sa ge. La lam pe trem blan te du tem ple. Les men teurs sont sou vent pi res que les vo leurs. L'a gneau bon dit sur le ga zon. Le ma çon dé mo lit la mai son du voi sin.

II

Le mou ton de Lé on se ra ven du à mon cou sin. L'ex trê me-Onc ti on est un grand sa cre ment. L'au di en ce du ju ge a été lon gue. L'at ten ti on de l'en fant a été é to nnan te. L'en fan ce est sou vent im pru den te.

III

Les mé chants n'é cha ppe ront pas au châ ti ment. Mon cou sin a l'in ten ti on de vous vi si ter de main. Ren dez té moi gna ge à l'i nno cen ce de vo tre com pa gnon. Ne par lez pas beau coup a vec l'ho mme im pru dent.

IV

Le lys est le symbole de l'innocence. Le bon Dieu veut nous rendre tous heureux. Entendez-vous la cloche de l'église? La nation française est la plus valeureuse du monde. Chacun admire.

V

Mon Dieu, je crois que vous êtes infiniment bon. Le pinson chanta de bon matin. On coupe le foin à la fin du mois de juin. On a percé la cloi-son de ma chambre à coucher. Je demande bien pardon.

VI

On blâme une action contraire à la vertu. Le mensonge de Madelon lui a attiré une réprimande. La civili-sation du genre humain a été procurée par la religion. Ma mère a bien soin de mon piano.

DIXIÈME TABLEAU.
Répétition.

ca, ça, co, ço, ce, ci, çu, sce, sco. — je, ge, ji, gi, ja, gea, jo, gco — gn, qu, gue, (ez, er=é : prier, te nez) (ei, ai, et, est, es=è) — au, eau, eu, œu, ou, oi — an, am, en, em, — in, im, ain, aim, ein, ien, oin, on, om, un — (s=z : ro-se)-ti=si : na ti on) y=ii : fo y er)

Leçon et Exercices.

c,d,f,g,p,s,t,x,ts,cs,gs,nt,ent(e après é i u) il, ill, eil, eill.
(Lettres généralement nulles à la fin des mots.) _{Comme dans :} ba il, ta ille, so leil, a beille.

I

jonc, tronc, croc, bord, nord, grand, cerf, coing, poing, abus, refus, lors, drap, loup, lait, feux, faux, fait, francs, poids, ils parlent, ils portaient, fruits, patrie, rosée, rue, vie, joie, bail, détail, por tail, raille, haillon,

II

fa mille, co quilla ge, so leil, ré veil, bou teille, gro-seille, tr eilla ge, a ccue il, cer cue il, il re cue ille, bre dou illa, gar gou ille, sou illu re. fe nou il, fau teu il, l'or gue il, é cue il, dou ill et, feu ill et, mou illa ge,

III

Le nid de per drix, la vue ba sse, la jo lie rue, la ter re cul ti vée, le si-rop épais, le grand bruit, le flux et le re flux, le sol dat de l'ar mée du nord, les draps de lit trop longs, les chats tuent les rats,

IV

la fa illi te, la fa mille de bé né dic-ti on, le ré veil du ma tin, la cor-beille de fleurs, la jo lie mé da ille, la sou ill u re du pé ché, le fer rou illé, la feu ille de pa pi er, le mou illa ge a ssu ré, le che vr euil

I

Mes enfants, c'est Dieu qui a fait le ciel, la terre, les plantes, les animaux et les hommes. Le soleil luit pour seconder le travail de la nature. Henri imite l'abeille laborieuse. Respecte la vieillesse se

II

Par l'ordre de Dieu, le soleil mûrit les fruits qui sont si agréables à la vue et au goût. C'est le travail qui amène l'abondance. A ton réveil élève ton âme à Dieu. Le mouillage sûr et agréable.

III

Songe chaque jour à te rendre meilleur. Les nuits sont bien longues à la douleur qui veille. Honorez bien ceux qui travaillent à votre éducation. La fréquentation des libertins est un écueil.

IV

On cou pe du jonc dans l'é tang de mes pa ren*ts*. Les en fan*ts* tur bu len*ts* mé ri ten*t* sou vent des ré pri man des. La lo yau té est le meill eur mo yen de faire bonne for tu ne. No tre pe tit se rin ga zou ille bien.

V

A près la ba ta ille on em pê cha le pill age de la vi lle. Au gus tin a é té ren con tré par la pa trou ille. La ro sé*e* du ma tin a mo lli*t* les rai sins. Les gre nou illes sau till en*t* et les ser pen*ts* ram pen*t*. Nous tra va ill ons.

VI

La meill eu re com pa gni*e* de ce ba ta ill on a é té tu *ée*. L'ar till eur a char gé son ca non à mi tra ille. Le tra vail peu*t* pro cu rer l'a bon dan ce à u ne fa mille. La pe ti te fille a pro cu ré du plai sir à sa mère.

4

2ᵉ PARTIE.

LECTURE COURANTE.

I

Di eu est bon. C'est le bon Di eu qui a fait le ci el et la ter re. Le so leil, la lu ne et les é toi les sont les œu vres de ses mains. L'air et l'eau, les a ni maux et les plan tes sont des bien faits de sa bon té. Le vê te ment et la nou rri tu re, c'est de lui que nous les te nons. Il prend soin de tou tes ses cré a-tu res. Pen dant le jour, il di ri ge mes pas et il me gar de pen dant la nuit. Je lui té moi gne rai ma re co nnai ssan ce en l'ai mant de tout mon cœur.

II

Le commen cement du jour. Le ma tin, à mon ré veil, je me con-sa cre à Dieu, en fai sant le si gne de la croix. Je m'habille ensuite promptement et modestement; puis je fais ma petite prière au pied de mon lit, devant le crucifix. La journée est commencée.

III

La piété filiale. J'aime mes parents. J'évite de les contrister. Je m'empresse de leur faire plaisir. Je veux être pieux à l'église, studieux en classe, obéissant à la maison pour les contenter. Dans mes prières, je demande à Dieu, pour eux, la santé, le bonheur et une longue vie.

IV

La classe. Je vais en classe. J'y apprends à lire, à écrire, à compter et à prier Dieu. En classe, je dois être tranquille, silencieux, attentif, soumis au règlement et au maître. Tous les jours, mes leçons doivent être

sues et mes de voirs bien faits.
Il ne doit y avoir ni déchirure,
ni tache dans mes livres et mes
cahiers, et je dois être propre sur
ma personne.

V

La classe. En classe, il y a des
bancs et des tables pour les élèves et une estrade pour le maître.
On s'y sert de tableaux de lecture
et de calcul. On y voit le crucifix,
la statue de la Sainte Vierge et
des images pieuses.

On s'asseoit sur les bancs et
l'on s'appuie sur les tables. Les
élèves ont des livres, du papier,
des plumes et de l'encre. Ils
lisent dans les livres et ils écrivent
sur le papier.

VI

La classe. Le maître fait l
classe et les élèves y assistent.
Le maître donne la leçon et le

élèves la reçoivent. Le maître explique et les élèves écoutent et répètent. Les élèves font des devoirs et le maître les corrige. Quand les élèves font des fautes, le maître les reprend. Le maître commande et les élèves obéissent.

VII

Le ciel. Le ciel est bleu. Pendant le jour, on y voit le soleil et des nuages, et pendant la nuit, on y voit la lune et les étoiles. Le soleil est le flambeau du jour et la lune celui de la nuit. Le soleil éclaire et réchauffe la nature. La lune tempère l'obscurité des nuits. Les étoiles ornent la voûte du ciel. Les nuages distillent la pluie sur nos campagnes et les rendent fertiles.

VIII

Les plantes. La surface de la terre est couverte de plantes.

Le bon Dieu a donné les plantes à l'homme pour servir à ses besoins et à son agrément. Les arbres sont des plantes. Les arbres donne*nt* des fruits, du bois de chauffage, du bois de construction. Les petits arbres s'appelle*nt* arbrisseaux ou arbustes, et serve*nt* le plus souvent d'ornement. Les plantes des champs et des jardins sont pour la nourriture de l'homme et des animaux. Parmi les plantes des jardins, il y en a dont les fleurs sont bien belles et répande*nt* une bonne odeur. On les cultive pour l'agrément. La rose est la reine des jardins et des fleurs.

IX

Les animaux. La surface de la terre est peuplée d'animaux. Le cheval, le bœuf, la vache, l'âne, le chien, etc. sont des animaux domestiques. Le bon Dieu les a donnés à l'homme pour être ses serviteurs Le cheval est son coursier, le bœuf laboure ses champs, la vache le nourrit de son lait, la brebis le vêt de sa toison, l'âne porte ses fardeaux, le chien garde sa maison.

L'air est habité par les oiseaux et la mer par les poissons. Les oiseaux vo*lent* et les poissons na*gent*. Les oiseaux nous récré*ent* par leur chant, tandis que les poissons nous nourrisse*nt* de leur chair.

X

L'église. L'église est la maison de Dieu. C'est ordinairement l'édifice le plus grand, le plus beau et le plus élevé. A l'extérieur de l'église, on remarque une haute tour où sont les cloches, qu'on sonne pour appeler les fidèles à la pri è re. On voit, dans l'é gli se, des au tels, le ta ber na cle, des chan de liers, une lampe, un lus tre, la ta ble sain te, la chai re, des con fes sio nnaux, des ta ble aux, des chai ses, ou des bancs.

C'est sur tout le di man che qu'on va à l'é gli se, pour y a ssis ter aux o ffi ces di vins. On ne cau se pas à l'é gli se, on n'y tour ne pas la tê te, on n'y re gar de pas à droi te et à gau che, mais on s'y tient dans le res pect, la mo des tie, le re cue ille ment et la pri è re.

XI

La se mai ne. La se mai ne se com po se de sept jours. Le pre mier jour de la se mai ne, c'est le di man che. Le di man che est le jour du Sei gneur. On doit le con sa crer au re pos du corps et aux ex er ci ces de re li gion et de pié té. Les six au tres jours: lun di, mar di, mer cre di, jeu di, ven dre di et sa me di sont em plo yés aux tra vaux. Le tra vail est la con di tion de l'ho mme ici-bas. Tout homme doit travailler : nul n'est sur la terre pour ne rien faire!

XII

L'année. L'année se compose de trois cent soixante-cinq jours, ou de cinquante-deux semaines, ou de douze mois. Il y a quatre saisons dans l'année. Ces quatre saisons sont: le printemps, l'été, l'automne et l'hiver. Le printemps est doux, l'été chaud, l'automne pluvieux et l'hiver froid. Le printemps donne les fleurs, l'été les moissons, l'automne, les fruits et l'hiver les neiges. Le printemps comprend le mois d'avril, de mai et de juin; l'été comprend les mois de juillet, d'août et de septembre; l'automne comprend les mois d'octobre, de novembre et de décembre, et l'hiver ceux de janvier, de février et de mars.

XIII

L'homme. J'ai une âme et un corps. Mon corps, formé de terre, est sujet à la mort; mais mon âme est spirituelle et immortelle. J'ai deux yeux, deux oreilles, un nez et une bouche. Je vois par les yeux, j'entends par les oreilles et je respire par le nez et la bouche. La bouche est aussi l'instrument de la parole et de la mastication. J'ai deux mains et deux pieds. Cinq doigts terminent ma main et me servent à agir et à saisir les objets. Les pieds portent le corps et servent à la marche.

XIV

Variété. Une vertu dans le cœur est un diamant sur le front.

C'est Dieu qui donne la pâture aux petits oiseaux.

L'aumône est un grand trésor devant Dieu.

Tôt ou tard, le châtiment atteint le coupable.

Dieu connaît nos bonnes et nos mauvaises actions.

La prière de l'innocent monte vers le trône de Dieu, comme la fumée d'un encens d'agréable odeur.

XV

L'amitié. Regardez comme un ami sincère celui qui vous avertit de vos fautes et de vos défauts, et non celui qui approuve tout ce que vous dites et faites. Les seuls amis solides sont ceux qu'on acquiert par ses vertus et son mérite: les autres sont des convives, des compagnons ou des complices. Il est plus honteux de se défier de ses amis que d'en être trompé.

XVI

Le causeur. Il est des vices dangereux, il en est de plaisants, il en est de ridicules. Le babil réunit à la fois tous ces inconvénients. En disant des choses ordinaires, le babillard est ridicule; en disant des méchancetés, il est odieux; en ne sachant pas taire un secret, il se met en danger. Un bavard est presque toujours sot et ignorant.

XVII

La conversation. La nature nous a donné deux oreilles et une seule bouche, pour nous apprendre que nous devons plus écouter que parler. C'est le propre d'un bon esprit de faire entendre en peu de mots beaucoup de choses. Un petit esprit parle ordinairement beaucoup sans rien dire. Qui ne sait se taire ne sait bien parler.

XVIII

L'ennui. L'ennui entre en nous par la paresse. L'ennui qui ne manque jamais d'accompagner l'oisiveté, est un avertissement naturel de la nécessité du travail. L'ennui est une maladie dont le travail est le remède sûr et unique. Ennui et paresse vont toujours de compagnie.

XIX

Le plaisir. Albert se trouvait un jour au jardin. Il y vit un joli rosier tout en fleurs. Aussitôt il en cueillit une et se mit à la flairer. Mais en enfonçant son petit nez dans le calice de la fleur à demi ouverte, il sentit tout à coup une grande douleur. Une abeille cachée dans la fleur l'avait piqué au nez.

> Les plaisirs imprudents
> Se changent en tourments.

XX

La bonne compagnie. Quoi! dit un jour un enfant à son père, ce morceau de bois exhale l'odeur de l'orange. Comment cela? Devine-le, lui dit son père. C'est sans doute une des propriétés de ce bois, répondit l'enfant. Tu te trompes, reprit le père, car voici un autre morceau du même bois et qui n'a aucune odeur. Quelle merveille est-ce donc, repartit l'enfant? dites-le moi, pa pa. C'est que, lui dit celui-ci, j'ai tenu pendant quelque temps, ce morceau de bois renfermé dans une boîte qui contenait des oranges.

Tu vois par là, mon fils, ce que l'on gagne en bonne compagnie.

XXI

L'orgueil. C'était au temps de la moisson. Un épi qui portait la tête droite et bien haut, se prit à se moquer des autres dont la tête était penchée vers la terre. Mais un de ceux-ci lui répliqua : Si comme nous, tu avais la tête riche de grains, tu ne la lèverais pas si haut.

Où l'orgueil déborde, le mérite fait défaut.

XXII

La docilité. Georges avait de jolis poissons dans un petit étang. Tous les jours, il leur donnait abondante pâture, et souvent leur disait : « Beaux poissons, mes amis, si vous voulez vivre et être heureux, ne sortez pas de votre demeure et prenez vos ébats au fond de l'eau. — Ces conseils sont trop durs, dirent un jour quelques poissons, nous voulons voir le monde et jouir du soleil. Là-dessus, les uns franchissant le barrage, s'élancent dans la rivière, tandis que d'autres, remontant à la surface de l'eau, jouent au soleil. Tous étaient à la fête et savouraient le plaisir. Mais, hélas! leur bonheur fut de courte durée: tous furent bientôt dévorés; les premiers par un brochet et les seconds par un oiseau de proie.

Le défaut de soumission à ceux qui sont chargés de nous conduire est toujours puni.

XXIII

L'avare éconduit. Un prince, propriétaire d'une belle métairie, avait fait écrire sur la porte de la maison: *Propriété assurée à qui prouvera qu'il est content.* Un avare, ayant lu cette inscription, courut chez le prince et lui dit: Monseigneur, je puis assurer votre altesse, que je suis parfaitement content, et que personne mieux que votre serviteur, ne mérite de devenir propriétaire de votre métairie. — Retirez-vous, lui dit le premier, si vous étiez content, vous ne convoiteriez pas ma propriété.

XXIV

Le crime toujours puni. Un jour malheureux, tous les Crimes sortant du gouffre de l'enfer, se précipitèrent sur la terre. Alors on vit sous leurs pas, l'herbe des prairies se flétrir, le feuillage des bois se dessécher, les campagnes fertiles devenir ingrates et sauvages. A leur suite pullul*ent* les couleuvres et les reptiles immondes, tandis que les ignobles hiboux remplissai*ent* les airs de leurs cris lugubres.

Cependant, la troupe infernale, regardant derrière elle, vit qu'on la poursuivait. C'était le Châtiment, qui, appuyé sur deux béquilles, approchait à pas lents et s'apprêtait à frapper. « Ah! lui cri è r*ent* les Crimes, cette fois, nous ne te craignons pas, tu ne saurais nous atteindre. — J'ai pour moi l'avenir, répliqua le Châtiment, si je ne vous frappe pas aujourd'hui, ce sera demain, vous ne sauriez m'échapper.

Suite de l

CONSEILS D

(Syllabes séparées.)

I

Mon fils, ai mez Di eu tou te vo tre vie et in vo quez-le pour vo tre sa lut. Que rien ne vous em pê che d'é le ver vo tre â me à Di eu. Ne ces sez point de vous a van cer dans la jus ti ce jus qu'à la mort, par ce que la ré com pen se de Dieu de meu re é ter nel le ment. Ho no rez vo tre pè re de tout vo tre cœur. N'ou bli ez point les dou leurs de vo tre mè re. L'en fant qui est sa ge fait la joie de son pè re. Le fils in sen sé est la tris tes se de sa mè re. So y ez do ci le aux ins truc tions de vo tre pè re et de vo tre mè re.

II

Ne mé pri sez point un ho mme dans sa vi eil les se, car ceux qui vi eill is se*nt* ont é té com me *lecture courante.*

LA SAGESSE.

(*Syllabes non séparées.*)

I

Mon fils, aimez Dieu toute votre vie et invoquez-le pour votre salut. Que rien ne vous empêche d'élever votre âme à Dieu. Ne cessez point de vous avancer dans la justice jusqu'à la mort, parce que la récompense de Dieu demeure éternellement. Honorez votre père de tout votre cœur. N'oubliez point les douleurs de votre mère. L'enfant qui est sage fait la joie de son père. Le fils insensé est la tristesse de sa mère. Soyez docile aux instructions de votre père et de votre mère.

II

Ne méprisez point un homme dans sa vieillesse, car ceux qui vieillissent ont été comme

(Syllabes séparées).

nous. N'en vi ez point la gloi re ni les ri ches ses du pé cheur, car vous ne sa vez pas sa rui ne. Ex a mi nez ceux qui vous a ppro che*nt*, et pre nez con seil de ceux qui sont sa ges et pru dents. Les lè vres men teu ses sont en a bo mi na ti on au Sei gneur. Con ser vez vo tre â me dans la dou ceur et ren dez-lui ho nneur se lon qu'el le le mé ri te, en la pa rant de tou tes les ver tus. La mé moi re de l'â me pu re est i mmor tel le.

III

Les pen *sées* mau vai ses sont en a bo mi na ti on au Sei gneur, mais la pa ro le pu re lui se ra très-a gré a ble. Peu a vec la jus ti ce et la grâ ce de Dieu, vaut mi eux que de grands biens a vec l'i ni qui té. Ne par lez pas beau coup a vec l'im pru dent, et n'a llez pas a vec l'in sen sé. Dès vo tre pre mi er â ge, ai mez à ê tre ins truit. Par l'ins truc ti on, vous ac que rrez u ne sa ges se qui du re ra jus qu'à la vi eill es se. Le cœur du sa ge cher che l'ins truc ti on. La bou che de l'in sen sé se re paît d'i gno ran ce.

(Syllabes non séparées.)

nous. N'enviez point la gloire ni les richesses du pécheur, car vous ne savez pas sa ruine. Examinez ceux qui vous approchent, et prenez conseil de ceux qui sont sages et prudents. Les lèvres menteuses sont en abomination au Seigneur. Conservez votre âme dans la douceur et rendez-lui honneur selon qu'elle le mérite, en la parant de toutes les vertus. La mémoire de l'âme pure est immortelle.

III

Les pensées mauvaises sont en abomination au Seigneur, mais la parole pure lui sera très-agréable. Peu de biens avec la justice et la grâce de Dieu, vaut mieux que de grands biens avec l'iniquité. Ne parlez pas beaucoup avec l'imprudent, et n'allez pas avec l'insensé. Dès votre premier âge aimez à être instruit. Par l'instruction vous acquerrez une sagesse qui durera jusqu'à la vieillesse. Le cœur du sage cherche l'instruction. La bouche de l'insensé se repaît d'ignorance.

Lecture courante.

Suite des CONSEILS DE LA SAGESSE.

(Syllabes non séparées.)

I

Mon fils, la crainte du Seigneur est le principe de la sagesse : les insensés seuls méprise*nt* la sagesse et la doctrine renfermé*es* dans ces paroles. La crainte du Seigneur prolonge les jours des justes, et les années des méchants seront abrégé*es*. L'attente des justes, c'est la joie de Dieu : mais l'espérance des méchants périra. Si les méchants veule*nt* vous attirer par leurs caresses, ne vous laissez point aller à eux, gardez-vous de marcher dans leurs sentiers *et d'imiter leur conduite.*

II

Celui qui aime les corrections aime la sagesse, mais celui qui hait les réprimandes est un insensé. L'insensé se moque de la correction de son père, mais celui qui se rend au châtiment deviendra sage. Celui qui méprise son prochain pèche ; mais celui qui a compassion du pauvre sera bienheureux ; c'est la miséricorde et la vérité qui nous acquièrent les biens. L'homme charitable fait du bien à son âme en assistant les étrangers ; *mais celui qui est cruel pour les pauvres rejette ses proches mêmes.*

III

Ne vous laissez point aller à vos mauvais désirs et détournez-vous de votre propre volonté. L'homme patient vaut mieux que le courageux, et celui qui est maître de son esprit vaut mieux que celui qui force les villes. Ne répondez point avant d'avoir écouté, et n'interrompez point une personne au milieu de son discours. La parole douce rompt la colère ; la parole dure excite la fureur. Le malheur ne sortira jamais de la maison de celui qui rend le mal pour le bien. *La charité couvre toutes les fautes.*

IV

La paresse produit l'assoupissement, et l'âme paresseuse et lâche languira de faim. Celui qui laboure sa terre sera rassasié de pain ; mais celui qui aime à ne rien faire est très-insensé ; il tombera dans la misère. Allez à la fourmi, paresseux ; considérez sa conduite et apprenez à être sage ; car, n'ayant ni chef ni maître qui la conduisent, elle fait néanmoins sa provision durant l'été, et elle amasse pendant la moisson de quoi se nourrir. Jusqu'à quand dormirez-vous donc, paresseux ? *Quand vous réveillerez-vous de votre sommeil ?*

V

Celui qui s'appuie sur le mensonge se repaît d'air et court après les oiseaux qui vole*nt*. Celui qui amasse pendant la moisson est sage ; mais celui qui dort pendant l'été est un enfant de confusion. La bénédiction du Seigneur est sur la tête du juste ; mais l'iniquité des méchants leur couvrira le visage de honte. L'homme sage, qui est tel dans le cœur, reçoit avec joie les avis qu'on lui donne ; l'insensé est blessé par les lèvres qui l'instruise*nt*. *Celui qui marche simplement marche avec assurance.*

VI

Celui qui garde la discipline est dans le chemin de la vie, mais celui qui néglige les réprimandes s'égare. Les livres menteurs cachent la haine qui est dans le cœur. Les longs discours ne seront pas exempts de péché ; mais celui qui est modéré dans ses paroles est sage et prudent. Le méchant disparaîtra comme une tempête qui passe, mais le juste sera comme un fondement éternel. Les richesses ne serviront de rien au jour de la vengeance ; mais alors la justice délivrera de la mort éternelle. *Celui qui marche avec les sages deviendra sage.*

VII

Les âmes des justes sont dans la main de Dieu, et le tourment de la mort éternelle ne les touchera point. Ils ont paru morts aux yeux des insensés ; leur sortie du monde a passé pour un comble d'affliction, et leur séparation d'avec nous pour une entière ruine, mais cependant ils sont en paix. S'ils ont souffert des tourments devant les hommes, leur espérance est pleine de l'immortalité qui leur est promise. *Leur affection a été légère, et leur récompense sera grande pour la patience qu'ils ont exercée.*

VIII

Les méchants seront punis selon l'iniquité de leurs pensées ; car, comme ils ont négligé la justice, et qu'ils se sont retirés d'avec le Seigneur, le Seigneur aussi les abandonnera à eux-mêmes, et ils tomberont dans un abîme de malheurs ; parce que celui qui rejette la sagesse et qui méprise l'instruction est malheureux: l'espérance de ces personnes est veine;

leurs travaux sont sans fruit, et leurs œuvres sont inutiles; ils diront en voyant la récompense des justes : Sont-ce là ceux qui ont été autrefois l'objet de nos railleries !

La souveraine puissance est à vous seul, ô Seigneur! et elle vous demeure toujours, sans pouvoir être épuisée; et qui pourra résister à la force de votre bras ! Tout le monde est devant vous comme ce petit grain qui donne à peine la moindre inclination à la balance, et comme une goutte de la rosée du matin, qui tombe sur la terre. Mais vous avez compassion de tous les hommes, parce que vous pouvez tout, et vous dissimulez leurs péchés, afin qu'ils fassent pénitence.

Vous aimez, Seigneur, tout ce qui est, et vous ne haïssez rien de tout ce que vous avez fait : puisque si vous l'aviez haï, vous ne l'auriez pas créé, et si vous le haïssiez maintenant, il cesserait d'être. En effet, qu'y a-t-il qui pût subsister si vous ne le vouliez pas? ou qui pût se conserver sans votre ordre? Mais vous êtes indulgent envers tous; parce que tout est à vous, ô Seigneur, qui aimez les âmes.

PRIÈRES

Au nom du Père et du Fils et du Saint-Esprit. Ainsi soit-il.

Venez, Esprit-Saint.

Venez, Esprit-Saint — (1), remplissez les cœurs de vos fidèles serviteurs, — et allumez en eux le feu de votre divin amour.

Envoyez votre Esprit, et ils seront créés de nouveau,

Et vous renouvellerez la face de la terre.

O Dieu, qui avez instruit les cœurs des fidèles — par la lumière du Saint-Esprit, — donnez-nous cet Esprit, — qui nous fasse goûter et aimer le bien, — et qui répande toujours en nous la joie et la consolation — que lui seul peut donner. — Par Jésus-Christ Notre-Seigneur. Ainsi soit-il.

L'Oraison dominicale.

Notre Père, qui êtes aux cieux, — que votre nom soit sanctifié ; — que votre règne arrive ; — que votre volonté soit faite sur la terre comme au ciel ; — donnez-nous aujourd'hui notre pain de chaque jour ; — pardonnez-nous nos offenses, — comme nous pardonnons à ceux qui nous ont offensés ; — et ne nous laissez pas succomber à la tentation ; — mais délivrez-nous du mal. Ainsi soit-il.

---

(1) Les tirets indiquent les pauses à faire en priant.

La Salutation angélique.

Je vous salue, Marie, pleine de grâce ; — le Seigneur est avec vous ; — vous êtes bénie entre toutes les femmes, — et Jésus, le fruit de vos entrailles, est béni.
Sainte Marie, Mère de Dieu, priez pour nous, pauvres pécheurs ; — maintenant et à l'heure de notre mort. Ainsi soit-il.

Le Symbole des Apôtres.

Je crois en Dieu, le Père tout-puissant, Créateur du ciel et de la terre ; — et en Jésus-Christ, son Fils unique, Notre Seigneur, — qui a été conçu du Saint-Esprit, est né de la Vierge Marie, — a souffert sous Ponce-Pilate, — a été crucifié, est mort, a été enseveli. — est descendu aux enfers, — le troisième jour est ressuscité des morts, — est monté aux cieux, — est assis à la droite de Dieu le Père tout-puissant, d'où il viendra juger les vivants et les morts.
Je crois au Saint-Esprit, — la sainte Église catholique, — la communion des Saints, — la rémission des péchés, — la résurrection de la chair, — la vie éternelle. Ainsi soit-il.

Gloria Patri.

Gloire au Père, au Fils et au Saint-Esprit.
Comme au commencement, maintenant et toujours et dans tous les siècles des siècles. Ainsi soit-il.

Acte de foi.

Mon Dieu, je crois fermement — tout ce que la sainte Eglise catholique, — apostolique et romaine m'ordonne de croire, — parce que c'est vous, — ô Vérité infaillible, — qui le lui avez révélé.

Acte d'Espérance.

Mon Dieu, j'espère avec une ferme confiance — que vous me donnerez, — par les mérites de Jésus-Christ, — votre grâce en ce monde, — et si j'observe vos commandements, — votre gloire en l'autre, — parce que vous me l'avez promis, — et que vous êtes souverainement fidèle dans vos promesses.

Acte de Charité.

Mon Dieu, je vous aime de tout mon cœur — et par-dessus toutes choses, — parce que vous êtes infiniment bon et infiniment aimable ; — et j'aime mon prochain comme moi-même pour l'amour de vous.

Acte de Contrition.

Mon Dieu, je me repens de tout mon cœur de vous avoir offensé, — parce que vous êtes infiniment bon et parfait, — et que je vous aime par-dessus toutes choses. — Je déteste tous mes péchés, parce qu'ils vous déplaisent. — Pardonnez-moi par les mérites de Jésus-Christ. — Je me propose fermement de me corriger, — de me confesser, et de vous satisfaire, — avec le secours de votre sainte grâce. Ainsi soit-il.

Les dix Commandements de Dieu.

1. Un seul Dieu tu adoreras
   Et aimeras parfaitement.
2. Dieu en vain tu ne jureras,
   Ni autre chose pareillement.
3. Les dimanches tu garderas,
   En servant Dieu dévotement.
4. Tes père et mère honoreras,
   Afin de vivre longuement.
5. Homicide point ne feras,
   De fait ni volontairement.
6. Luxurieux point ne seras,
   De corps ni de consentement.
7. Le bien d'autrui ne prendras,
   Ni retiendras à ton escient.
8. Faux témoignage tu ne diras,
   Ni mentiras aucunement.
9. L'œuvre de chair ne désireras,
   Qu'en mariage seulement.
10. Biens d'autrui ne convoiteras,
    Pour les avoir injustement.

Les six Commandements de l'Eglise.

1. Les fêtes tu sanctifieras,
   Qui te sont de commandement.
2. Les dimanches Messe ouïras,
   Et les fêtes pareillement.
3. Tous tes péchés confesseras,
   A tout le moins une fois l'an.
4. Ton Créateur tu recevras,
   Au moins à Pâques humblement.
5. Quatre-Temps, Vigiles jeûneras,
   Et le Carême entièrement.
6. Vendredi chair ne mangeras,
   Ni le samedi mêmement.

L'Angelus.

L'Ange du Seigneur annonça à Marie, — et elle conçut du Saint-Esprit.

Je vous salue, Marie, etc.

Voici la servante du Seigneur, — qu'il me soit fait selon votre parole.

Je vous salue, Marie, etc.

Et le Verbe s'est fait chair, — et il a habité parmi nous.

Je vous salue, Marie, etc.

Priez pour nous, sainte Mère de Dieu,

Afin que nous soyons rendus dignes — des promesses de Notre-Seigneur Jésus-Christ.

Répandez, Seigneur, nous vous en supplions, — votre grâce dans nos âmes, — afin qu'ayant connu, par la voix de l'Ange, — l'Incarnation de Jésus-Christ votre Fils, — nous arrivions par sa passion et par sa croix — à la gloire de la résurrection. — Par le même Jésus-Christ Notre-Seigneur. Ainsi soit-il.

Le Sub tuum.

Nous nous réfugions vers vous, sainte Mère de Dieu ; — et nous nous mettons sous votre sainte protection. — Daignez ne pas rejeter les suppliantes prières — que nous vous adressons dans nos besoins ; — mais délivrez-nous toujours de tous périls, — ô Vierge glorieuse et pleine de grâce. Ainsi soit-il.

Le Memorare.

Daignez vous souvenir, ô très-pieuse Vierge Marie, — qu'on n'a jamais entendu dire, — que vous ayez abandonné celui qui se met sous votre protection, — qui implore votre secours et réclame votre assistance. — Rempli de cette confiance, — j'ai recours à vous, ô Mère, Vierge des vierges ! — tout pécheur que je suis, je viens à vous, — je suis devant vous gémissant ; — Mère du Verbe, ne dédaignez point mes prières ; — mais soyez-moi propice, et exaucez-moi. Ainsi soit-il.

Table d'Addition.

1 et 1 font 2	5 et 1 font 6	8 et 1 font 9
2 — 1 — 3	5 — 2 — 7	8 — 2 — 10
2 — 2 — 4	5 — 3 — 8	8 — 3 — 11
2 — 3 — 5	5 — 4 — 9	8 — 4 — 12
2 — 4 — 6	5 — 5 — 10	8 — 5 — 13
2 — 5 — 7	5 — 6 — 11	8 — 6 — 14
2 — 6 — 8	5 — 7 — 12	8 — 7 — 15
2 — 7 — 9	5 — 8 — 13	8 — 8 — 16
2 — 8 — 10	5 — 9 — 14	8 — 9 — 17
2 — 9 — 11	5 — 10 — 15	8 — 10 — 18
3 et 1 font 4	6 et 1 font 7	9 et 1 font 10
3 — 2 — 5	6 — 2 — 8	9 — 2 — 11
3 — 3 — 6	6 — 3 — 9	9 — 3 — 12
3 — 4 — 7	6 — 4 — 10	9 — 4 — 13
3 — 5 — 8	6 — 5 — 11	9 — 5 — 14
3 — 6 — 9	6 — 6 — 12	9 — 6 — 15
3 — 7 — 10	6 — 7 — 13	9 — 7 — 16
3 — 8 — 11	6 — 8 — 14	9 — 8 — 17
3 — 9 — 12	6 — 9 — 15	9 — 9 — 18
3 — 10 — 13	6 — 10 — 16	9 — 10 — 19
4 et 1 font 5	7 et 1 font 8	10 et 10 font 20
4 — 2 — 6	7 — 2 — 9	10 — 20 — 30
4 — 3 — 7	7 — 3 — 10	10 — 30 — 40
4 — 4 — 8	7 — 4 — 11	10 — 40 — 50
4 — 5 — 9	7 — 5 — 12	10 — 50 — 60
4 — 6 — 10	7 — 6 — 13	10 — 60 — 70
4 — 7 — 11	7 — 7 — 14	10 — 70 — 80
4 — 8 — 12	7 — 8 — 15	10 — 80 — 90
4 — 9 — 13	7 — 9 — 16	10 — 90 — 100
4 — 10 — 14	7 — 10 — 17	100 — 100 — 200

L'addition est une opération par laquelle on réunit plusieurs nombres de même espèce en un seul. Le résultat de cette opération s'appelle *somme* ou *total*.

Le signe + (*plus*) marque l'addition.

Table de Soustraction.

1 ôté de 1 reste	0	4 ôté de 4 reste	0	7 ôté de 7 reste	0
1 — 2 —	1	4 — 5 —	1	7 — 8 —	1
1 — 3 —	2	4 — 6 —	2	7 — 9 —	2
1 — 4 —	3	4 — 7 —	3	7 — 10 —	3
1 — 5 —	4	4 — 8 —	4	7 — 11 —	4
1 — 6 —	5	4 — 9 —	5	7 — 12 —	5
1 — 7 —	6	4 — 10 —	6	7 — 13 —	6
1 — 8 —	7	4 — 11 —	7	7 — 14 —	7
1 — 9 —	8	4 — 12 —	8	7 — 15 —	8
1 — 10 —	9	4 — 13 —	9	7 — 16 —	9
2 ôté de 2 reste	0	5 ôté de 5 reste	0	8 ôté de 8 reste	0
2 — 3 —	1	5 — 6 —	1	8 — 9 —	1
2 — 4 —	2	5 — 7 —	2	8 — 10 —	2
2 — 5 —	3	5 — 8 —	3	8 — 11 —	3
2 — 6 —	4	5 — 9 —	4	8 — 12 —	4
2 — 7 —	5	5 — 10 —	5	8 — 13 —	5
2 — 8 —	6	5 — 11 —	6	8 — 14 —	6
2 — 9 —	7	5 — 12 —	7	8 — 15 —	7
2 — 10 —	8	5 — 13 —	8	8 — 16 —	8
2 — 11 —	9	5 — 14 —	9	8 — 17 —	9
3 ôté de 3 reste	0	6 ôté de 6 reste	0	9 ôté de 9 reste	0
3 — 4 —	1	6 — 7 —	1	9 — 10 —	1
3 — 5 —	2	6 — 8 —	2	9 — 11 —	2
3 — 6 —	3	6 — 9 —	3	9 — 12 —	3
3 — 7 —	4	6 — 10 —	4	9 — 13 —	4
3 — 8 —	5	6 — 11 —	5	9 — 14 —	5
3 — 9 —	6	6 — 12 —	6	9 — 15 —	6
3 — 10 —	7	6 — 13 —	7	9 — 16 —	7
3 — 11 —	8	6 — 14 —	8	9 — 17 —	8
3 — 12 —	9	6 — 15 —	9	9 — 18 —	9

La soustraction est une opération par laquelle on retranche un nombre d'un autre plus grand et de même espèce. Le résultat se nomme *différence* reste ou *excès*.

Le signe — (*moins*) marque la soustraction.

Table de Multiplication.

1 fois 1 fait 1			4 fois 1 font 4			7 fois 1 font 7		
1 — 2 — 2			4 — 2 — 8			7 — 2 — 14		
1 — 3 — 3			4 — 3 — 12			7 — 3 — 21		
1 — 4 — 4			4 — 4 — 16			7 — 4 — 28		
1 — 5 — 5			4 — 5 — 20			7 — 5 — 35		
1 — 6 — 6			4 — 6 — 24			7 — 6 — 42		
1 — 7 — 7			4 — 7 — 28			7 — 7 — 49		
1 — 8 — 8			4 — 8 — 32			7 — 8 — 56		
1 — 9 — 9			4 — 9 — 36			7 — 9 — 63		
1 — 10 — 10			4 — 10 — 40			7 — 10 — 70		
1 — 11 — 11			4 — 11 — 44			7 — 11 — 77		
1 — 12 — 12			4 — 12 — 48			7 — 12 — 84		
2 fois 1 font 2			5 fois 1 font 5			8 fois 1 font 8		
2 — 2 — 4			5 — 2 — 10			8 — 2 — 16		
2 — 3 — 6			5 — 3 — 15			8 — 3 — 24		
2 — 4 — 8			5 — 4 — 20			8 — 4 — 32		
2 — 5 — 10			5 — 5 — 25			8 — 5 — 40		
2 — 6 — 12			5 — 6 — 30			8 — 6 — 48		
2 — 7 — 14			5 — 7 — 35			8 — 7 — 56		
2 — 8 — 16			5 — 8 — 40			8 — 8 — 64		
2 — 9 — 18			5 — 9 — 45			8 — 9 — 72		
2 — 10 — 20			5 — 10 — 50			8 — 10 — 80		
2 — 11 — 22			5 — 11 — 55			8 — 11 — 88		
2 — 12 — 24			5 — 12 — 60			8 — 12 — 96		
3 fois 1 font 3			6 fois 1 font 6			9 fois 1 font 9		
3 — 2 — 6			6 — 2 — 12			9 — 2 — 18		
3 — 3 — 9			6 — 3 — 18			9 — 3 — 27		
3 — 4 — 12			6 — 4 — 24			9 — 4 — 36		
3 — 5 — 15			6 — 5 — 30			9 — 5 — 45		
3 — 6 — 18			6 — 6 — 36			9 — 6 — 54		
3 — 7 — 21			6 — 7 — 42			9 — 7 — 63		
3 — 8 — 24			6 — 8 — 48			9 — 8 — 72		
3 — 9 — 27			6 — 9 — 54			9 — 9 — 81		
3 — 10 — 30			6 — 10 — 60			9 — 10 — 90		
3 — 11 — 33			6 — 11 — 66			9 — 11 — 99		
3 — 12 — 36			6 — 12 —			9 — 12 — 108		

La multiplication est … ration par … le on répète un nombre appelé multiplicande aut … de … s qu'il y a d'u ités dans un autre ap pelé multiplicateur. Le ésultat … appelle produit. Le signe × (multiplié in … e la … ultiplic tion.

Ouvrages classiques de la Société de Marie,
QUI SE TROUVENT CHEZ LES MÊMES ÉDITEURS.

Méthode de lecture en dix leçons, in-12, broché.
Collection de tableaux correspondant à la Méthode
Premier livre de lecture.
Premières lectures graduées, par M. Gaussens, in-12, cart.
Deuxièmes lectures, idem.
Manuel abrégé de l'Histoire Sainte.
Manuel d'Histoire Sainte.
Histoire des peuples anciens, in-18 cart.
Manuel de Géographie.
Manuel abrégé de Géographie.
Précis de l'Histoire de France, partagée en seize périodes.
Petit Manuel de Grammaire, in-12, cartonné.
Exercices adaptés à cette Grammaire, id.
Grammaire complète, id.
Exercices correspondant à cette Grammaire, id.
Arithmétique des commençants, in-18, cartonné.
Petit manuel d'arithmétique, in-12, cartonné, accompagné d'un grand nombre de problèmes.
Arithmétique complète, in-12, cart.
Solutions des problèmes des deux Manuels d'arithmétique.
Manuel de géographie, in-18, cart.
Cours gradué de dictées.
Premier cahier d'architecture.
Deuxième, idem.
Troisième, idem, avec dix planches de lavis.
Sept cahiers d'écriture de M. Coustou, renfermant chacun un genre d'écriture différent.

Lons-le-Saunier, imp. de Gauthier frères.

www.ingramcontent.com/pod-product-compliance
Lightning Source LLC
LaVergne TN
LVHW021717080426
835510LV00010B/1011